RÉPONSE
AUX MÉMOIRES

DU GÉNÉRAL BARON

DE RICHEMONT,

SUR

La politique de l'Europe et les intérêts
de la France.

Par Adrien FÉLINE.

PARIS,

CHEZ DELAUNAY, LIBRAIRE AU PALAIS-ROYAL.

Septembre 1829.

AVANT-PROPOS.

Un officier-général vient de faire paraître une brochure *sur la situation de l'Europe et les intérêts de la France*. La conviction intime qu'il s'est mépris sur nos vrais intérêts, me force de reprendre la plume et de tenter encore un effort pour repousser des principes que je crois dangereux. Déjà j'ai combattu pour cette cause; j'ai cru devoir rappeler à la Chambre des Députés la nécessité de tirer le ministère de son assoupissement (1). Mais l'honorable *poète-député* chargé du rapport de ma pétition n'a pas cru devoir prendre la chose au sérieux; il était plus dans ses habitudes de faire une critique, et celui qui avait adressé au Souverain une pétition contre les *envahissemens du romantisme*, s'est étonné qu'on voulût occuper la Chambre des envahissemens de la Russie.

Sans me décourager du peu de succès d'un premier effort, je rentre dans la carrière; je profite de ce qu'enfin un plan, un but, sont proposés, pour les combattre : car, jusqu'à ce jour, ministère, chambres, journalistes, nous avaient laissés dans la plus vague incertitude. Nos passions étaient trop opposées à nos intérêts pour que ceux qui jouissent de quelque popularité voulussent la compromettre en dépouillant la question des préjugés dont l'environne la multitude; ils aimaient mieux garder un silence prudent. Ma position est toute différente : inconnu, je n'ai rien à perdre en popularité; je dirai ce que je pense, advienne que pourra.

Je sens tout l'avantage qu'a sur moi l'auteur que je viens combattre; il s'est adressé aux passions, je ne m'adresse qu'à la raison; il réveille les haines, les ressentimens, les regrets de la France, il les prend pour seuls guides de sa politique, je suis, au contraire, forcé d'oublier le passé dans l'intérêt de l'avenir,

---

(1) Pétition à la Chambre des Députés, pour la prier de prendre en considération les événemens de l'Orient.

et de proposer une alliance avec ceux que nous avons presque toujours combattus. Il aura nécessairement pour auxiliaires les militaires, puisqu'il veut des conquêtes; et, comme lui, j'aurai pour adversaires les partisans des Grecs, car je ne veux pas non plus sacrifier pour eux les intérêts de la France.

Je tâcherai de tirer avantage de la différence d'âge qui semblerait m'interdire le droit de lui répondre. Quand la restauration et la Charte sont venues donner une nouvelle existence à la France, les hommes de mon âge ont aussi versé des larmes amères sur la perte de cette gloire qui avait été leur unique but; ils ont regretté cette ivresse des combats qu'ils avaient à peine goûtée. Mais une nouvelle carrière s'ouvrait devant eux; ils l'ont embrassée avec ardeur, ils ont changé, modifié toutes leurs idées; la liberté les a consolés de la gloire. Il y avait tant à faire! institutions, principes, morale, mœurs, politique étrangère, tout était, tout est encore à changer. Nous ne regrettions que des espérances, et une carrière plus belle s'ouvrait devant nous. Mais ceux qui, vieillis dans les camps, avaient combattu vingt-cinq ans pour la gloire des conquêtes, ne pouvaient se consoler si facilement de la perte de leurs travaux. Ils ne pouvaient s'associer et s'unir réellement à un système nouveau qui exigeait un changement complet de leurs idées et de leurs principes. Un sens droit, une âme généreuse, leur ont bien montré que la liberté était indispensable; ils la veulent franchement, mais ils ne se sont pas identifiés avec elle, ils n'ont pu se résoudre à lui sacrifier leurs regrets. Ils ont vécu dans le siècle des passions, ils en ont encore tous les préjugés; c'est aujourd'hui la jeunesse qui sera plus calme et plus juste.

Je compte donc sur l'assentiment des hommes de la Charte, de ceux qui l'avaient devinée, et de la jeunesse qui l'a comprise et adoptée; qui s'est donnée à elle et lui a soumis toutes ses espérances, toute sa gloire.

RÉPONSE
AUX MÉMOIRES
DU GÉNÉRAL BARON
DE RICHEMONT.

Deux idées dominent toute cette brochure : l'amour des conquêtes, et la haine la plus implacable contre l'Autriche et l'Angleterre. Quant à la Russie, le général Richemont ne se dissimule pas ses projets d'agrandissement, mais il ne s'en émeut ni ne s'en effraye; il préfère s'unir à elle pour spolier les autres puissances; en d'autres termes, il veut un *morceau du gâteau*.

Je vais d'abord chercher à combattre cet amour des conquêtes, présenté comme notre intérêt unique, comme le seul but de notre politique, de tous nos efforts. Là, selon l'auteur, est le bonheur suprême; et il promet l'amour des Français à ceux qui sauront le leur procurer. (Pag. 58, 75, 78, etc.)

La révolution française, réalisée par la Charte, a eu pour première conséquence de changer le but du gouvernement. Il ne peut en exister réellement que deux, quelques modifications que les lois, les mœurs ou le caractère du souverain puissent apporter : les gouvernemens absolus, où l'on a pour but l'intérêt du souverain, qui ne devient autre que celui de la cour, et les gouvernemens où le peuple est représenté, où son bonheur est le but unique et où le souverain est identifié à cet intérêt. Voilà le grand principe pour lequel on a écrit et combattu depuis cinquante ans, qui a fini par pénétrer tous les esprits, et que l'on n'oserait pas nier aujourd'hui, même en agissant dans un sens opposé. Il faut donc distinguer l'intérêt des administrés et celui des gouvernans, civils, militaires et autres.

On conçoit parfaitement que là où l'intérêt des gouvernans domine, là où ils font seuls entendre leurs voix, il y ait un intérêt direct et positif à étendre les frontières et à augmenter le nombre des emplois et la quotité des contributions que l'on peut se distribuer : mais au citoyen passif, que lui en reviendra-t-il ? paiera-t-il moins de contributions ? jouira-t-il de plus de liberté ou de plus d'influence ? l'administration sera-t-elle pour lui plus bienveillante, plus attentive, plus désintéressée ? Non, il ne peut en retirer aucun avantage, il supportera tous les frais et toutes les chances de la guerre, et les gouvernans seuls en retireront les fruits. Mais, au contraire, là où le gouvernement écoute les vœux du peuple, plutôt que ceux d'une noblesse oisive, là surtout où ce peuple a des organes, on doit désirer la paix, lui sacrifier tout, *fors l'honneur*, renoncer à des conquêtes toujours inutiles et toujours trop chèrement payées. Si ces principes sont vrais dans les états de l'Europe où la nation compte pour quelque chose, où les hommes influens se font un devoir de seconder les paternelles intentions des souverains, à plus forte raison le seront-ils là où il existe une constitution, pacte fondamental, véritable contrat passé entre tous les individus d'un même pays. Là, vous n'avez pas le droit, sans une absolue nécessité, d'admettre de nouveaux associés et de changer les délimitations du territoire qui fait la base de la société politique ; car un tel changement bouleverserait une foule d'existences et d'industries fondées sur la foi de l'ordre établi. On n'a pas sans nécessité le droit d'agrandir la France, même s'il n'en coûtait rien ; à plus forte raison ne doit-on pas, pour un tel but, entraîner la nation dans des guerres longues et coûteuses, qui nous exposeraient à voir encore de justes représailles diminuer le royaume que l'on veut agrandir.

Et quels motifs militent en faveur de cet agrandissement ?

J'ai l'orgueil de croire que trente-deux millions de Français peuvent, dans l'état actuel de l'Europe, suffire à leur défense. Je les crois assez braves pour ne pas voir la nécessité de les couvrir derrière des fleuves et des montagnes. Sparte n'avait pas de murailles, Rome n'eut d'abord qu'un fossé étroit, et le Balcan, les Alpes, les Pyrénées, le Rhin et le Danube si souvent franchis, nous ont prouvé que ni fleuves, ni montagnes, ne peuvent arrêter un ennemi plus fort ou plus habile. Mais il est des mots que la passion des peuples adopte avidement, parce qu'ils flattent leur ambition. Depuis quinze ans on ne parle que de limites *naturelles*, pensant rassurer ceux qui sont au-delà de ces limites et justifier notre ambition ; mais a-t-on jamais voulu reculer pour prendre ces limites ? Que dirait-on d'un Français qui proposerait de se renfermer derrière la Seine ou la Loire ? toujours c'est l'ambition qui les choisit ; et tandis qu'en France un fleuve nous paraît une limite *naturelle*, en Grèce la mer n'est plus une barrière suffisante, et nous nous indignons de l'idée de borner au golfe de Lépante un territoire que l'on ne sait encore par qui faire occuper.

Lorsqu'il y a moyen de s'arranger chez soi, il faut y rester, il faut prendre pour limites celles qui existent. Pour la France, il n'en est pas de plus sûres et de plus naturelles que sa foi pour ses amis, ses baïonnettes contre ses ennemis.

Ces principes blessent, je le sens, les préjugés des hommes de l'ancienne monarchie, de la révolution et de l'Empire. Pour repousser l'amour des conquêtes, il faut refaire notre éducation faussée par les idées de gloire prises dans les écoles, où l'on ne présente à notre admiration que celles d'Alexandre et de César, ni d'autre liberté à imiter que celle d'Athènes et de Rome. Est-il étonnant que des hommes ainsi élevés se soient trouvés à la révolution démagogues et conquérans ?

Sous l'ancienne monarchie, la noblesse ne pouvait être que guerrière, et l'opinion de la noblesse faisait celle de la nation. Sous la république, le danger de l'invasion étrangère fut si imminent, que tous les regards furent fixés sur l'armée; elle se montra si pure, si dévouée, si grande, que la nation s'identifia avec elle : pleine de souvenirs historiques, elle plaça la gloire militaire au premier rang et confondit la défense et la conquête. Ces idées, cette confusion servirent merveilleusement à l'établissement de l'Empire; on prit le moyen pour le but, la gloire fit oublier la liberté, la conquête nourrit longtemps la guerre, elle satisfit les ambitions et les besoins individuels, comme la victoire satisfit les besoins moraux de la nation. Il n'est donc pas étonnant que les militaires, que les hommes qui n'ont pu refaire des idées formées et arrêtées avant la Charte veuillent, avant tout, des conquêtes.

Mais la France n'a-t-elle pas des finances plus assurées que toute autre puissance, même que l'Angleterre? N'est-elle pas la plus forte par sa position géographique, par la réunion des armées de terre et de mer, par la facilité de transformer en soldats ses belliqueux habitans, par la sympathie qu'elle exerce sur les autres nations tant qu'elle ne veut pas les opprimer? Dans le *statu quo* européen, aucune puissance ne nous est supérieure, aucune ne peut prétendre nous humilier; nous ne pouvons être abaissés que par une lâche indécision semblable à celle du dernier ministère, ou par une ambition qui, comme le propose le général Richemont, mendierait des agrandissemens de la Russie en lui vendant notre assistance. Que veut-on de plus pour nous que l'ordre actuel? quel changement dans l'Europe peut augmenter notre influence?

Si nous rentrons dans la voie des conquêtes, nous reposerons-nous comme Pyrrhus, après avoir conquis la Belgique et la rive du Rhin? Autant vaudrait nous reposer de suite; mais si l'auteur invoque comme un droit de propriété l'ancienne possession de la maison de Bourgogne, ne rappellera-t-il pas plus tard que nos ancêtres sortaient de la Franconie? voudra-t-il renoncer à ce berceau de la monarchie?

Il prétend encore établir notre droit par notre sang versé

dans ces provinces ; mais ce droit nous l'aurions établi dans le monde entier, et quelle autre nation n'en aurait pas un semblable à réclamer ? Ce n'est ni par le sang ni par le carnage que l'on peut acquérir un droit de propriété immuable, c'est par la sueur et le travail.

Est-ce dans l'intérêt des libres communications commerciales, que nous voudrions reculer nos frontières ? Supprimons les douanes, nous obtiendrons le même effet. Si l'on y trouve des inconvéniens graves pour les industries existantes et les droits acquis, les mêmes inconvéniens se présentent à enclaver des usines et des fabriques dans la France nouvelle.

Ainsi je repousse d'abord le projet proposé, comme inutile et inconstitutionnel. En supposant qu'il fût le plus avantageux à la France, je le repousserais encore, à l'exemple d'Aristide, comme le plus injuste. Hé quoi, c'est en pleine paix, sans aucun motif d'hostilité, lorsque nous n'avons que des rapports d'amitié avec nos voisins, que l'on propose d'envahir leurs états, de dépouiller des souverains, de partager les peuples comme de vils troupeaux ! Est-ce d'un député du côté gauche que l'on devait attendre un tel oubli des principes de justice et du droit des nations ! Quoi ! pour satisfaire notre ambition inquiète, nous bouleverserons l'Europe entière sans aucun motif ! sans aucun prétexte ! Je ne prétends pas que les derniers traités aient tout réglé pour le mieux, mais je prétends que rien n'est plus impolitique que cette immorale proposition. La Bavière serait-elle satisfaite de ce changement, et ne se prononcerait-elle pas contre nous tant que l'Autriche lui disputerait l'échange projeté ? N'en serait-il pas de même de la Hesse et des autres états ? La Prusse nous appuyerait-elle bien franchement, commencerait-elle par nous livrer ses places ? Et les Pays-Bas, quel dédommagement pourrait-on leur accorder pour les nombreuses provinces qu'on leur enlèverait ? Car le général tient à son Rhin, il n'en veut pas perdre une goutte, il ne se contentera pas du Wahal, il lui faut aller passer sous les murs d'Arnheim et de Rotterdam; ainsi c'est même une grande partie des anciennes provinces hollandaises qu'il réclame au nom de la nature. Il est vrai que pour arranger tout, il dispose du Hanovre; il fait passer le Weser au duché d'Oldembourg; enfin, il pousse, pousse, et prétend se faire place sans combats, sans résistance, car il compte sur l'assistance de la Russie qui fera entendre raison aux princes ses parens. Ne semble-t-il pas que c'est de peuples nomades qu'il s'agit! Il ne croit donc à aucune affection, à aucun lien entre les souverains et les peuples, car il troque des provinces plus facilement qu'on ne change un cheval. Quelle confiance! quelle présomption! Un si beau déménagement ne peut-il donc pas devenir un incendie?

L'immoralité de notre politique recevrait immanquablement son prix dans la haine et la résistance de l'Europe, et tant d'intérêts divers rendraient l'exécution d'un pareil projet d'une difficulté insurmontable. Mais en admettant qu'il fût exécutable, la simple proposition ne le rendrait-elle pas impossible? Supposons que le ministère y songeât sérieusement et qu'il fît, dans ce sens, des ouvertures à la Russie, ou si l'on veut, qu'il parût disposé à accepter celles qu'elle aurait faites : l'Angleterre et l'Autriche ne manqueraient pas d'en être informées, la Russie elle-même aurait intérêt à le leur communiquer. Dèslors, plus de moyens de défense; ils aimeraient mieux s'accommoder pour partager la Turquie que de s'exposer à perdre leurs plus belles provinces; notre secours devient inutile à la Russie, arbitre de l'Europe et libre de choisir ses alliés. Il faudrait supposer autant de folie que d'ingratitude à l'empereur Nicolas pour croire qu'il préférerait dépouiller ses fidèles alliés en notre faveur, à une sécurité plus grande que lui procurerait la cession à ces puissances de quelques-unes des populations barbares enlevées au sultan. Si donc nous manifestons nos intentions avant les hostilités commencées, nous les empêchons de commencer jamais et ne pouvons rien obtenir; si nous les manifestons plus tard, si elles sont acceptées, nous entrons en campagne, mais l'Angleterre peut toujours faire la paix, et la Russie nous laisserait en butte au ressentiment général; peut-être se joindrait-elle à nos ennemis. Quand on n'a d'autre règle que son intérêt personnel, on ne doit pas compter que les autres observent la foi des traités.

Non seulement ce projet ne pourrait servir notre ambition, mais il nous déconsidérerait dans toute l'Europe, car l'Angleterre et l'Autriche nous diraient avec raison : « Nous vous avons
» proposé une alliance contre l'ennemi commun; placés en
» première ligne, nous étions prêts à nous dévouer aux premiers
» coups, et des vues personnelles vous ont éloigné de nous;
» vous avez voulu obtenir de la Russie par vos demandes obsé-
» quieuses un agrandissement de territoire, vous nous avez mis
» dans la nécessité d'abandonner les principes de justice et d'in-
» térêts européens que nous voulions défendre, et de nous con-
» tenter d'une portion des dépouilles du vaincu : que la honte
» et les conséquences en retombent sur vous; vous avez laissé
» partager la Pologne, vous laissez chasser et détruire votre plus
» ancien allié, que le monde voye le cas qu'il peut faire de votre
» appui, de votre alliance, de votre modération. »

Ainsi, le plan proposé a pour inconvéniens d'être inutile, immoral et impossible. Comment un homme honorable, estimé, a-t-il pu arriver à une telle conception? C'est en se laissant dominer par la passion, par une haine aveugle contre l'Angleterre et l'Autriche, c'est en restant stationnaire depuis le temps de Pitt et Cobourg. Loin de chercher dans l'état de l'Europe un équilibre qui protège le faible contre la domination du fort, qui éloigne les motifs de guerre en s'opposant à l'ambition des conquérans, l'auteur, qui veut aussi conquérir, prend pour allié le plus éloigné, on doit se rencontrer plus tard; il prend aussi le plus fort, c'est plus sûr; mais il prend surtout celui contre lequel l'Angleterre et l'Autriche nous proposent une coalition. Si l'une d'elles eût fait cette proposition d'alliance, il s'en serait méfié; mais toutes deux, il n'hésite plus. (Page 47.)

L'Autriche et l'Angleterre sont nos ennemis *naturels*, car depuis huit cents ans nous les avons combattues. Le malheur est qu'il n'est pas une nation en Europe contre laquelle nous n'ayons combattu, ainsi la nature nous ordonnerait de les exterminer toutes. Si la Russie est entrée plus tard dans la lice, elle a bien réparé le temps perdu ; je ne sais par quelle fatalité nous avons trouvé sur tous les champs de bataille cette puissance avec laquelle il ne doit exister aucun point de collision (page 48), et nous ne l'avions pas provoquée lorsqu'elle est venue nous combattre en Hollande, en Italie, en Allemagne. Que nous importe qu'un ennemi soit loin, s'il a les bras si longs ! Examinons froidement si les anciens sujets de guerre contre l'Autriche et l'Angleterre peuvent se ranimer. La maison d'Autriche nous entoura long-temps de ses états, et dans ces temps de guerres perpétuelles nous ne pouvions combattre que contre elle. Mais enfin, grâce à nous, elle ne possède plus ni l'Espagne, ni la Franche-Comté, ni la Flandre, ni la Belgique, nous n'avons avec elle aucun point de contact, et l'auteur, pour lui garder rancune, est forcé de lui supposer des vues sur la Provence ; allégation ridicule qui ne prouve que sa passion et donne bien la mesure de sa politique. Pour l'Angleterre, si pendant quatre siècles elle nous a disputé nos provinces, depuis quatre autres siècles elle y a renoncé ; l'auteur seul croit à ses vues sur la Guienne, et voit la nécessité d'une alliance pour défendre nos provinces menacées. Pourtant ces quatre derniers siècles ont été fertiles en combats ; quels en pouvaient être les motifs ? Les colonies et la nature du commerce dont chaque nation se disputait le monopole. Pour les colonies, il est un fait irrémédiable, c'est qu'il ne nous en reste plus qui vaillent une guerre, et il serait à désirer que ce fait fût poussé jusqu'à ses dernières conséquences par l'abandon des îlots que nous possédons encore. Mais ce qui doit nous consoler de leur perte, c'est que l'indépendance de l'Amérique les rend inutiles et purement onéreuses. Pour le commerce il ne peut plus être un monopole depuis que des neutres étrangers à l'Europe peuvent fournir des denrées coloniales. Si l'on joint à la cessation de ces motifs de collision que les deux nations ont enfin reconnu que la guerre coûtait plus qu'elle ne rapportait, et qu'une grande révolution s'est opérée dans les principes d'économie politique, on ne verra plus dans l'Angleterre, non plus que dans l'Autriche, des ennemis naturels qu'il faut toujours combattre.

L'auteur, qui ne pardonne rien, prétend nous faire partager la joie que lui inspire la défaite des Turcs, en nous rappelant que nous les avons battus à Poitiers (page 105). Ce sont sans doute encore des ennemis naturels. On pourra lui reprocher d'être un peu rancuneux, mais on conviendra que de tous les généraux passés et présens, aucun n'a su poursuivre un succès si loin et si long-temps.

Mais si nous ne trouvons nulle part d'ennemi naturel, s'ensuit-il que nous sommes sans intérêts, que nous devons laisser agir les autres puissances sans influencer les événemens? Non : je suis aussi loin que le général Richemont d'une politique aussi honteuse; rien ne nous est étranger de ce qui se passe en Europe. Notre ennemi, non *naturel*, mais momentané, ce sera celui dont l'ambition menacera l'équilibre établi, ce sera celui qui voudra user de sa force pour humilier ses voisins, ce sera celui qui refusera notre intervention amicale. Ainsi, nous serons les défenseurs naturels de tout opprimé, et nous appellerons toutes les nations à partager ce noble rôle. Mais s'il existe une puissance essentiellement guerrière et conquérante, par la forme de son gouvernement despotique, par la composition de sa nation, formée de nobles et d'esclaves, par les mœurs de ses habitans; si cette nation, née d'un siècle, a déjà envahi tous ses voisins; si la Prusse est réduite envers elle à la dévotion la plus obséquieuse (pages 51 et 64); si elle nous a insolemment ordonné de faire la guerre à l'Espagne; si elle opprime la Perse au point de lui interdire la navigation armée de la mer Caspienne; si elle réclame une indemnité de la Turquie pour l'avoir menacée de ses armées; si, comme elle a fait détruire Huningue, elle veut détruire les châteaux du Bosphore; alors, je dirai qu'il n'est pas d'indépendance pour l'Europe, je dirai qu'il est temps d'arrêter le colosse insolent; je n'attendrai pas qu'entourant l'Autriche (page 51), elle l'ait aussi réduite à une *dévotion obséquieuse*; car, arrivant sur nous avec ses deux satellites, elle rendrait la défense impossible. Je n'attendrai pas qu'elle ait fait une rade de la Mer-Noire, en s'emparant du Bosphore, puis une autre de la Baltique, en s'emparant de la Suède, pour la voir avec joie chasser l'Angleterre de toutes les mers, afin d'y dominer elle-même avec bien plus d'insolence, et nous en défendre aussi la navigation. S'il nous faut voir une puissance qui nous soit supérieure sur les mers, que du moins ce ne soit pas celle qui domine déjà sur la terre; que ce ne soit pas des sauvages guerriers et conquérans, n'ayant rien à perdre et tout à gagner, qui remplacent une nation dont l'industrie est un gage de paix; car je ne me soucie pas, comme l'auteur les en menace (page 14), de conquérir les Russes à la manière dont les Chinois ont conquis les Tartares. Il est temps, ou jamais, d'arrêter la Russie par une volonté ferme et inébranlable. Sans doute la pusillanimité du dernier ministère peut nous coûter des millions et des milliers d'hommes; mais laisserons-nous à nos neveux à défendre, peut-être inutilement, notre vieillesse? Oui, si on laisse la Russie s'établir en Turquie, si on lui livre cette puissance, au lieu de l'encourager dans la route de la civilisation où l'appelle son souverain, l'Europe ne pourra se soustraire à la domination que par des efforts inouïs. Mais il en est temps encore, la Russie est vulnérable dans ses nouvelles provinces; on peut encore rétablir la Pologne, que l'auteur semble avoir oubliée, et pour laquelle il n'est aucune chance dans sa politique, quoiqu'il en dise (page 50). On peut lui arracher la Finlande et le Caucase; dans dix ans peut-être il sera trop tard, ces peuples auront perdu le souvenir de leur indépendance ; la Russie les aura aussi enivrés de conquêtes, et elle s'avancera sur l'Europe, grossie et compacte.

Ici se présente une de ces idées populaires, un de ces préjugés qu'on n'ose attaquer. Heureux, nous dit-on, que le torrent ait pris son cours vers l'Orient ; gardons-nous de le détourner. Eh! quelle loi nous montre les peuples conquérans suivant invariablement la ligne droite, comme entraînés par la force d'inertie des corps inanimés ? Est-ce la Russie qui s'en est contentée ? N'est-ce pas une force centrifuge qui la meut ? L'auteur a beau nous montrer Pierre et ses successeurs tendant seulement vers le Bosphore (page 13), nous voyons que, non contens de s'étendre jusqu'au Kamchatka, la vaste Sibérie n'a pu leur suffire, ils ont cherché querelle aux Américains sur le nouveau continent. Le Caucase envahi ne peut les satisfaire, et la Perse est aussi, réduite à une *dévotion obséquieuse*, et perd annuellement quelque province. Ils ne se contentent pas de la Turquie d'Europe, Erzerum et Constantinople les voient à-la-fois ; et l'on oublie la Pologne et la Finlande ! Est-ce là une ligne droite, une direction unique qui puisse nous rassurer, ou plutôt ne cherche-t-elle pas dans chaque conquête des forces pour en faire de nouvelles ?

L'Autriche, instruite par le partage de la Pologne, aime mieux combattre pour son indépendance que de s'agrandir !

L'Angleterre menacée est prête à entrer en lice, l'Europe entière doit s'unir pour la défense commune, et si des souverains asservis par la crainte, ou séduits par des liens de famille, voulaient s'unir à l'ennemi, alors nous pourrions leur enlever ces provinces, objet de votre envie ; j'aime mieux les arracher par la force à un ennemi qui nous aurait provoqués, que de les recevoir de la générosité d'un Russe, que nous rendrions par-là l'arbitre de l'Europe et de nos destinées.

Est-ce d'événemens intérieurs que l'auteur attend la division de la Russie ? Mais quand a-t-il jamais vu qu'un état se soit divisé pendant ses conquêtes ? Si le souverain craignait des révoltes, faire la guerre, conquérir, lui serait un moyen de s'assurer contre ce danger. Il ne fallait pas être profond politique pour prévoir, lorsque Nicolas est monté sur le trône, qu'il devrait bientôt faire la guerre. Il a commencé par la Perse, puis le tour de la Turquie est venu, et l'on peut avancer hardiment qu'il ne sera jamais dix ans sans envahir.

Ce n'est pas une direction qu'il faut donner au torrent, il aurait bientôt détruit les digues ; il faut changer sa nature, en faire un lac paisible. Que la volonté de l'Europe signifie à la Russie qu'elle ne souffrira aucune augmentation de territoire, aucune guerre étrangère ; alors ces esprits belliqueux changeront de direction ; ils porteront leurs efforts vers l'industrie, les arts, les lettres, et penseront à améliorer leur existence intérieure au lieu de ravager leurs voisins.

Après avoir repoussé de tous mes efforts le plan du général Richemont, après avoir appelé la France à s'opposer à la Russie, je dois chercher à résumer les principes généraux du droit politique européen.

Le but, c'est la paix, le repos, le *statu quo* de l'Europe et l'indépendance de tous les états. Le premier moyen, c'est de renoncer franchement aux conquêtes, et de s'opposer avec fermeté à l'agrandissement des autres nations ; mais pour cela il est indispensable de proclamer et de faire adopter le droit qu'a chaque puissance d'intervenir dans les querelles des autres. C'est ce droit d'intervention, dont l'idée première appartient à Henri IV, qui a été renouvelé par la Sainte-Alliance ; mais elle s'est écartée de son but, et a péri pour avoir voulu maintenir le *statu quo* intérieur des états, principe qui a révolté contre elle ; car avec lui il ne peut exister d'indépendance nationale. Que l'on reconnaisse donc hautement que nulle puissance ne peut intervenir ni souffrir d'intervention étrangère dans les affaires intérieures, c'est le seul moyen d'enlever les prétextes de guerre les plus fréquens. Que l'on proclame le droit de toute puissance de se rendre arbitre, et de prendre fait et cause dans toute guerre entre les États, c'est le moyen le plus efficace pour arranger les différends. Une sage loi de Solon condamnait à mort tout citoyen qui n'aurait pas pris parti dans les troubles de la république ; l'Europe est une république dont chaque État est citoyen ; en l'absence de toute forme de gouvernement, la loi de Solon est le seul moyen de salut.

L'application de ces principes incontestables serait de rendre chacun maître chez lui ; ainsi la France pourra rétablir Huningue et avoir des canons à Pondichéri, si bon lui semble. Les Pays-Bas pourront refuser à un général anglais le droit de visiter leurs places fortes. Tous les États d'Italie et d'Allemagne qui n'appartiennent pas à l'Autriche reprendraient leur entière indépendance, et elle ne pourrait s'emparer du Piémont, même avec l'assentiment du souverain. On reconnaîtrait que tous les traités qui ne sont pas fondés sur des avantages réciproques, n'ont pour base que la violence, et cessent avec l'ascendant de la force sur la faiblesse.

Je ne prétends pas que l'adoption de ces principes procurerait la paix perpétuelle ; l'œuvre de l'homme ne peut avoir ce caractère, mais je prétends qu'elle éloignerait beaucoup les chances de guerre. Je prétends surtout qu'ils assureraient l'indépendance des nations, et par là une plus grande somme de bonheur pour les peuples.

Je ne me permettrai pas de faire l'éloge de l'auteur que j'ai combattu, son âge et son grade le placent trop au-dessus de moi, et il suffit de le lire pour reconnaître un homme de cœur. Mais je tâcherai de m'appuyer de ce que son opinion a de conforme à la mienne.

Ainsi il ne se dissimule pas l'ambition de la Russie, ni ses moyens de succès, il ne compte pas sur une modération volontaire. Il connaît les Grecs, et ne pense pas que l'on puisse en tirer parti pour la balance de l'Europe, ni rien faire pour eux qui ne tourne au profit des Russes et à notre détriment. Il pense qu'on ne peut improviser une nation pour remplacer la Turquie. Il appelle de tous ses vœux, pour la France, l'organisation d'une réserve nationale prête à tous événemens. D'accord sur les faits et sur les moyens, nous différons sur le but. Que l'on juge donc les deux systèmes : Lequel est le plus conforme à notre état social et aux idées nouvellement adoptées ? Il veut des conquêtes, et je ne demande que des institutions. Il veut remettre en question l'existence de toute l'Europe, et, acceptant le passé, je veux maintenir le *statu quo*. Il veut employer les forces de la France à spolier les nations étrangères, et moi à les défendre. Il attend des agrandissemens de la générosité de la Russie, et de la dépendance où elle tient la Prusse, l'Allemagne et les Pays-Bas, et je veux affranchir tous les Etats de la servitude, et désire à peine prendre pour nous les provinces que nous arracherions à nos ennemis. Il réveille toutes les vieilles haines, toutes les anciennes injures, et méconnaît les changemens que les événemens et les institutions ont apportés dans notre politique, et l'on peut dire que sous ce rapport il n'a rien appris et rien oublié. Il voudrait tenir toujours l'armée sur le pied de guerre, afin de guetter les occasions d'envahir quelques provinces, et je ne veux combattre que pour la paix, que pour la reconnaissance d'un droit des gens européens qui, rendant la conquête impossible et la défense facile, permette à toutes les nations de diminuer leurs nombreuses et ruineuses armées. Il regarde le commerce et l'industrie comme secondaires, et propose l'armée comme un moyen d'acquérir ; je ne veux de l'armée que pour conserver, et n'attends de production que de l'industrie.

Que l'on juge donc lequel est préférable de l'ancien système, enfant de la barbarie et de la féodalité, ou du nouveau, qui est la conséquence irrésistible de toutes les idées de liberté, de justice et de morale. Lequel procurerait le plus de force à la France, de celui qui lui soumettrait quelques millions d'hommes, ou de celui qui, en empêchant l'agrandissement des autres puissances, lui donnerait tous les peuples pour alliés. Lequel lui attirerait plus de considération, et d'influence. Lequel enfin est le plus propre à assurer le bonheur des peuples, seul but de toute politique.

On ne peut parler du général Richemont, sans parler de son apologiste. M. de Kératry lui a consacré trois longs articles qui ne sont, à bien prendre, qu'une première édition des mémoires, augmentés des éloges que l'auteur ne pouvait se donner à lui-même. Du reste, aucune controverse, aucune critique. Néanmoins M. Kératry, plus habitué à ramener les questions aux principes, n'a pu se dispenser de nous donner la morale de la brochure.

« Quand ces hautes considérations, desquelles dépend la vie
» essentielle des peuples, ont été consultées, dit-il, le gouver-
» nement a rempli ses devoirs à leur égard, bien mieux que s'il
» s'était renfermé dans la pratique de ces vertus dont s'honorent
» les foyers domestiques, mais qui, observées avec un zèle mal
» entendu, dans les empires, y paralyseraient toutes les forces du
» corps social. »

L'ai-je bien compris ? est-ce M. Kératry, le défenseur habituel de la morale et de la vertu, qui veut aujourd'hui les proscrire des relations les plus importantes de la société ? Est-ce M. Kératry, membre d'une société qui a proposé un prix au meilleur mémoire *sur les moyens de faire pénétrer dans les transactions politiques les règles de morale qui président aux relations sociales ?*

Jusques à quel excès d'erreur peut entraîner le zèle de l'amitié, de l'obligeance, le désir de prôner un allié politique ! Je n'aurais jamais cru voir partager à M. Kératry l'opinion des profonds diplomates qui pensent que la morale est une duperie, la justice une pure sottise, lorsqu'il s'agit d'intérêts généraux. Si ce fait était démontré, il faudrait abandonner les fonctions diplomatiques au rebut de la société, déjà chargé d'emplois honteux, mais utiles. Il faudrait mettre les Vidocq aux affaires étrangères, car un honnête homme y serait toujours maladroit, il ne saurait jamais se dépouiller de sa conscience, serait-ce pour agir au nom de quelques millions d'hommes qui le payeraient pour cela. Non. Ce qui est mal l'est toujours, quels que soient le motif et le nombre des intéressés.

Si un préfet chargé aussi des intérêts de *l'empire*, agissant au nom du *gouvernement*, enlevait à M. Kératry son éligibilité ou les droits de certains électeurs, ne pourrait-il pas dire qu'il méprise *les vertus des foyers domestiques ?* Il viendra un moment qui n'est pas éloigné, je l'espère, où le souverain qui s'emparera d'une province, et le fonctionnaire qui privera un citoyen d'un droit qui lui appartient, seront aussi méprisés et détestés que le misérable qui vole une bourse. En attendant, j'engagerai nos auteurs à quitter la morale des Louis XI et des Mazarin, pour celle du roi Jean et d'Henri IV; c'est la plus fine, c'est la plus sûre.

M. Kératry dit encore : *le vieux Caton s'écriait sans cesse qu'il fallait détruire Carthage. Ici il n'y a personne à détruire.* Pour qui compte-t-il donc la Turquie ? Il oublie que tous les beaux partages de son collègue sont fondés sur la destruction de cet empire, et même sur celle de la nation en masse. Nous savons bien que les femmes et les savans ont prononcé leur arrêt, et qu'ils appellent de tous leurs vœux les bourreaux qui ne manqueront pas; mais, ne leur en déplaise, l'opinion publique a bien changé sous ce rapport, et les turcophages sont en minorité en France. Je ne pensais pas que le tolérant M. Kératry fût encore du nombre. Quant à Caton, nous avons aussi donné pour modèle son caractère et sa constance, mais c'était pour prévenir l'orage et non pour le former.

Enfin M. Kératry termine ses articles en disant que la brochure du général Richemont *est le rêve d'un homme de bien*; soit : je ne conteste pas plus la dénomination que la qualification; mais certes, c'est un véritable cauchemar, et non un rêve honnête, que celui où l'on viole tout ce qu'il y a de plus sacré, c'est un renversement total d'idées, ou bien la paix universelle du bon abbé de Saint-Pierre *sera le rêve d'un furieux*. J'en demande bien pardon à nos honorables députés ; mais faire une telle proposition et la défendre, c'est faire une mauvaise action, c'est au moins faire un mauvais rêve.

Les principes que je défends sont généraux et de tous les temps ; mais c'est dans ce moment que les circonstances réclament le plus impérieusement leur application. C'est donc une nécessité de se demander quels sont les hommes appelés à les mettre en œuvre. Cette nécessité rappelle à un douloureux retour sur l'état de la France, lorsque nous voyons à la tête des affaires des ministres dont les principes se sont attiré la réprobation générale ; lorsque ceux qui doivent défendre nos intérêts, nos opinions, nos volontés, n'ont acquis de célébrité qu'en combattant les vœux de la nation, qu'en émettant des opinions diamétralement opposées à celles du siècle et en se formant des intérêts contraires à ceux de la France. Que de résistances, que d'oppositions s'ils agissent comme ils ont parlé ! Quelle force pourront-ils déployer si, tout entiers aux soins de conserver la frêle existence qu'ils ont eu tant de peine à constituer, ils peuvent à peine résister à l'inertie de leurs adversaires, s'ils peuvent à peine se remuer dans l'étroite sphère d'opinion où ils se sont placés !

Mais les principes que je défends ne sont pas ceux d'un moment, ils sont l'œuvre des siècles qui ont préparé la grande révolution sociale, dont la révolution française ne fut qu'une crise ; ils sont le complément indispensable du plus grand changement qu'ait jamais subi l'esprit humain. Enfant perdu parmi les défenseurs des principes moraux, les conséquences que ma faible voix réclame pourront être ajournées, mais elles finiront par pénétrer les esprits, et leur adoption ne peut être subordonnée à l'existence éphémère d'un ministère. Si pourtant on en croit l'opinion, les ministres actuels sembleraient portés à défendre les vrais intérêts de la France. Eh bien ! soit qu'ils déploient contre l'étranger l'énergie qu'ils montrent contre la nation, qu'ils défendent la monarchie s'ils ne veulent défendre la France constitutionnelle. Un ministère sans but est un corps sans vie, qui ne peut échapper à la dissolution : qu'ils se rattachent, qu'ils s'identifient à une grande idée, à une politique extérieure éminemment nationale, et s'ils emportent la haine, qu'ils n'emportent pas le mépris : leurs prédécesseurs et les *interims* ne nous ont pas gâté en fait de dignité nationale : et après tant d'abaissement et de pusillanimité, tout en défendant notre liberté contre leur tyrannie, nous leur saurons gré de ce qu'ils feront pour notre indépendance.

NOTE ADDITIONELLE.

Pendant que j'écris les événemens marchent. Ainsi que je l'avais prédis, il y a six mois, le sultan abandonné à ses seules ressources est forcé de demander la paix, et la Russie ne dissimulant plus ses intentions veut être maîtresse du Bosphore, et enlever à son ennemi toutes chances de défense pour l'époque où il lui conviendra de recommencer la guerre. C'est maintenant que les conférences vont s'ouvrir, que nous seront forcés d'accepter l'arbitrage et d'opter pour un système politique. Les puissances neutres auront à décider si la Russie doit recevoir incessamment le prix de ses agressions, et si la Turquie doit être mise à sa merci par la perte de ses places et de ses ressources financières. Il faut prendre un parti décisif, car un plâtrage de quelques années ne peut favoriser que la Russie; ses ennemis ne peuvent que perdre à attendre.

Que l'on choisisse donc entre un système d'opposition prononcée contre ses envahissemens et celui du général Richemont, lorsque l'on n'a pas l'énergie de défendre les autres états autant vaut avoir celle de les spolier ; de tous les systèmes le pire est celui que l'on a suivi jusqu'à ce jour (si système y a eu).

IMPRIMERIE DE GUEFFIER, RUE MAZARINE, N°. 25.

www.ingramcontent.com/pod-product-compliance
Lightning Source LLC
Chambersburg PA
CBHW071415060426
42450CB00009BA/1896